शौर्य से संस्कृति तक

डॉ. अजब सिंह

TANEESHA
PUBLISHERS

Title : Shaurya Se Sanskriti Tak
Author : Dr. Azab Singh
Edition : First (July, 2025)
ISBN : 9789349789647

Published by

TANEESHA PUBLISHERS | *A Venture by -* **PRACHI DIGITAL PUBLICATION**

Regd. Add.: 254, Khuriyakhatta No. 10, Bindukhatta,
Lalkuan, Nainital - 262402, Uttarakhand, India
Website : www.taneeshapublishers.in
E-mail : taneeshapublishers@gmail.com
Phone : +91 8454 812712, +91 8057 812712

Printed by :
Manipal Technologies Limited, Bengaluru - 560001, Karnataka

अनुक्रमणिका

लेखकीय

मैं और मेरी कविताएँ "वाक्यं रसात्मकं काव्यम्" का संबल लेकर कविता लिखना मतलब आत्मा की उमड़ती आवाज़ को स्वर देने जैसा है। प्राचीन काल से ही कविताओं का भिन्न रूप रहा जिसको विभिन्न रचनाकारों ने अपने शब्दों में अपनी आंतरिक भावना को जोड़ा है। कविता का सौंदर्य कवि के दृष्टि पर निर्भर हैं हालाँकि कवियों द्वारा शब्दों को रसासिक्त करना उनकी जीवंत कविता का परिचायक है।

मैं शुरुआत से ही समाज की विभिन्न स्थितियों के मद्देनजर अपने विचारों को शब्दों के माध्यम से जन-जन तक पहुँचाने का सार्थक प्रयास करता आ रहा हूँ। सौंदर्य से महिला उत्पीड़न, शहीदों का बलिदान, प्रकृति, समाज की दयनीय स्थिति, आदि पर अपनी लेखनी चलाने का काम किया ताकि मेरा विचार उन तक पहुँच सके जो दिनानुदिन इस परिस्थिति से जूझ रहे हैं। मैंने हमेशा से अपनी कविताओं को समाज से जोड़ने का काम किया हैं।

यह काव्य संग्रह जो मेरा प्रथम एकल काव्य संग्रह है को अपने माता-पिता को समर्पित कर रहा हूँ। सौभाग्य की बात है कि मुझे बेटियाँ हैं जो मेरे काव्य की तरह अत्यंत प्रिय हैं। मेरी कविताओं में नारियों की उड़ान, उनकी प्रतिभा, उनका सार्थक कार्य भी आपको पढ़ने को मिलेगा। हम नारी को कई रूप में देख सकते है यह हमारे ऊपर निर्भर हैं कि हमारी दृष्टि क्या है? नारी तो माँ, बेटी, जीवनसंगिनी, बहू-बहन, प्रेमिका आदि रूप में हमें मिलती हैं। मैंने नारी को अपनी दृष्टि से देखा वह समाज के घिसे-पिटे रीति-रिवाज़ों से अपना नसीब जोड़ रही हैं। आज भी उन्हें चारदीवारी में घुटन महसूस करना पड़ रहा है।

मेरी दूसरी एकल संग्रह जो प्रकाशित होगी वह भी महिलाओं में अगाध श्रद्धा लिए विभिन्न व्रतों की कथाओं पर आधारित होगी जिसमें हमारी सभी माताओं, बहनों को एक ही जगह संकलित कथाओं को पढ़ने का अवसर प्राप्त होगा। इसके अलावा अमन काव्य संग्रह, मेरे जज़्बात काव्य

संग्रह, मेरे प्यारे पापा, मेरी माँ, श्रमिक, बातें दिल की, सृजन सागर के मोती, समरसता के अग्रदूत, अपने अपने रावण, ऐसी दर्जनों साझा संकलन की पुस्तकों के द्वारा अपने भावों को उड़ान देने का भरसक प्रयास किया है। उम्मीद है कि आने वाले समय में दीर्घ अवधि तक यह पुस्तक पाठकों के मन में सकारात्मक सोच विकसित करने में सफल रहेगी।

मुझे आशा ही नहीं पूर्ण विश्वाश है कि इस पुस्तक को पढ़ कर आप अपने हृदय में आनंद, सुख व शांति का भाव अनुभव करेंगे ।

आपका अपना

डॉ. अजब सिंह

देवा ओ देवा

देवा ओ देवा, गणपति देवा
तुमसा इस जहां में कौन।
देख अद्भुत रूप, ये काया भारी
दुष्ट हो जाते मौन।।

पान सुपारी, मोदक, दुर्वा सबसे प्यारी
देवो में तू है शिरोमणि।
प्रथम देव मान, घर में पूजन करावा
दुखहर्ता, सुखकर्ता, तुझे ही शीश नवावा।।

तुम ही सुख दाता, बुद्धि विधाता
स्वर्ण मुकुट, सिर नयन विशाला।
सब मिल सुख मंगल गीत गावा
देवा ओ देवा, गणपति देवा।।

रिद्धि सिद्धि ले के, आओ गजराज
लड्डू का भोग लगा, मूषक की पहचान बतावा।
कारज शुभ कर जावा
महिमा तेरी गा कर, सदा सुख पावा।।

श्रृद्धा और विश्वास भरी अपार
मिटे सब क्लेश पीड़ा।
तब ढोल, नगाड़ा बजावा
देवा ओ देवा, गणपति देवा।।

बहुत हुई आंख मिचौनी
आओ नूतन वर्ष मनाए हम
मिटा कर दबी, कुचली निराशाओं को
आशाओं के दीप जलाए हम
एक ओर युग यूं ना बीत जाए
नए साल नई किरण का
हर्ष, उल्लास, खुशी का भाव जगा
भारत को समृद्ध बनाए हम

मां की आरती

जग मग जग मग ज्योति जलाऊ
लाल चुनर चढ़ाऊं मां
तुम ही शेरावाली, जगदम्बा कल्याणी
करुणामई दुर्गा, भवानी मां

आए चैत्र मास में नवरात्र
मन उल्लास से भर जाएं मां
हाथ जोड़ भक्त खड़े तेरे
खाली हाथ कोई ना जाए मां

आध्यात्मिक, दिव्य चेतन, शुद्ध हो
मन, वाणी पवित्र हो जाए मां
नौ रूपों की पूजा कर
मानव धन्य हो जाए मां

कलश, अक्षत, बतासा, सजा चौकी
सुंदर भजन जो गाए मां
छोड़ संसार के सब झंझट
तू बेगी दौड़ी आए मां

ना मांगू ओर किसी से
तेरे ही दर पर झोली फैलाऊं मां
लूले लंगड़े, कोडीन, पापी, सबको तारा
क्यूं भूल गई इस बेचारे को मां

हिन्दू नव वर्ष

तन मन पवित्र कर
हिंदू नव वर्ष का स्वागत करें।
दु:ख कष्टों को भूल कर
सुखमय जीवन का आगाज करें।।

बदली साल, बदल गई मौसम की बहार
घर घर दीप जले, कोयल गाती मल्हार।
दिव्य, सुंदर रोशनी से महके जीवन
राष्ट्र सौहार्द बढ़े, मिले सबको प्यार।।

मलयानिल आए हर रोज आंगन में
अखंड हिंदू राष्ट्र का सपना साकार करें।
अपना कर पाश्चात्य संस्कृति को
ना हिंदू संस्कृति को शर्मशार करें।।

नमन करू जगदम्बे मां
भगवान विष्णु, श्रीराम, गौतम को याद करें।
हो धन धान्य, खुशहाल वसुंधरा
हिंदूवर्ष मंगलमय हो, रब से फरियाद करें।।

भारती स्तवन

मातृभूमि का निशदिन वंदन
माँ भारती स्तवन का गुणगान यहां।
बाग बगीचे मुस्कराते देख सुख समृद्धि
खेत खलिहानों से भरी मेरे देश की धरती।।

झूम झूम गीत गाती नदियां
नृत्य करती सागर लहरे यहां।
छोटे बड़े का भेदभाव न करके
भाईचारा फैलाती मेरे देश की धरती।।

शत्रु देख वीरता इसकी
चूम लेता मिट्टी जिसकी।
आन बान पर मर मिटने वाले
वीर सपूत पैदा करती मेरे देश की धरती।।

सर्दी गर्मी बसंत हो चाहे
सब त्यौहार मनाते यहां।
होली, क्रिसमस, चाहे हो ईद, दिवाली
देख आंचल में मुस्कराती, मेरे देश की धरती।।

हमारी धरोहर

प्रकृति है हमारी अनमोल धरोहर
मंद मंद सुगंधित बहती पवन यहां।
उगते सूरज से खिलते उपवन
नदियां, पर्वत खुशी के गीत गाते यहां।।

लाल किले की अद्भुत शान
फतेहपुर सीकरी की शिल्पकला महान यहां।
कभी शक्ति का केंद्र रहा
कोर्णाक के रथों में बोलती पत्थरों की जान यहां।।

सारनाथ की तो क्या बात कहूं
बौद्ध स्तूप, अशोक स्तंभ, मठों की भरमार यहां।
इक शहंशाह ने बनवाया हसीन ताजमहल
हर पत्थर में छुपी, मुमताज यहां।।

अजंता की भीति चित्र, पेंटिंग और मूर्तियां
जीत लेती हर किसी का दिल यहां।
कौन नहीं जानता, अमृतसर का स्वर्ण मंदिर
सभी धर्मों का बना आस्था केंद्र यहां।।

रक्षा बंधन

सावन के महीने में आया
रक्षा बंधन का त्यौहार।
लेकर पावन प्रेम की सौगात
आया राखी का त्यौहार।।

चंदन का टीका, रेशम का धागा
भाई की उम्मीद, बहिन का प्यार।
कलाई पर सजी राखी की खातिर
रक्षा में तन, मन, धन, जीवन भी देगा वार।।

निस्वार्थ प्रेम, सभी संबंधों में श्रेष्ठ
करती बहन, रक्षा बंधन का बेसब्री से इंतजार।
सभी प्रीत के बंधन पड़ जाते फीके
देख भाई बहिन का प्यार।।

प्रीत के धागों के बंधन में बंधा
जन्मों जन्मों का भाई बहन का प्यार।
रंग बिरंगे फूलों से सजी वसुंधरा प्यारी
रिमझिम रिमझिम बरसे सावन की फुहार।।

लड़ना, झगड़ना इस रिश्ते की शान
एक दूजे में बसती भाई बहिन की जान।
नजर न लगे दुनियां की इनको
रूठ कर मन जाना ही तो पहचान।।

स्नेह से उमड़ रहा सारा संसार
ढूंढ रहा बहना को, उसका भैया।
राखी, रोली, और मिठाई ले बहना पुकारे
आओ बांधू तुम्हे प्रीत की डोर भैया।।

जन्मे जग के पालनहार

होने लगी त्राहि त्राहि
बढ़ने लगा जगत में अत्याचार।
दुष्ट कंस का वध करने की सोच रहा
श्री हरि विष्णु का आठवां अवतार।।

चारो ओर खुशी, गाने लगे मंगल गीत
खुलने लगे ताले, सो गए सारे पहरेदार।
किलकारी से गूंज उठा ब्रम्हांड
जब जन्मे जग में पालनहार।।

ले नटवर को टोकरी में, चले वासुदेव
होने लगी वर्षा मूसलाधार।
यशोदा फूले नहीं समाई
देख जग का पालनहार।।

अधर्मी, दुष्टों का कर संहार, दिया गीता ज्ञान
धर्म की स्थापना को जन्मे पालनहार।
नर नारी हुए प्रफुल्लित, वृंदावन को खूब सजाया
कंस, कालिया, पूतना, का करने खात्मा, जन्मे पालनहार।।

श्री कृष्ण गोविंद हरे मुरारी

चंदन सा महके जीवन मेरा
बन जाओ मेरी मधुबन क्यारी।
रोम रोम बसों, ओ कान्हा
श्री कृष्ण हरे मुरारी।।

धूल जाए सारे कष्ट जगत के
बरसो प्रेम की बरखा, बन मुरारी।
मैं तो हूं, एक मस्त फकीरा
जाऊ तेरे मोर मुकुट पर वारी।।

सांवली सूरतिया तेरी ओ कान्हा
घुंघराली लट लगे मोहे प्यारी।
भव सागर पार लगाओ नैया
श्री कृष्ण गोविंद हरे मुरारी।।

चंचल हो उठा मेरा मन, देख
अधर पे बंशी, हृदय में राधा, ओ कुंजबिहारी।
बजा मुरलियां, भक्तो के कष्ट संहारे
श्री कृष्ण गोविंद हरे मुरारी।।

अद्भुत है हर बात तुम्हारी
कहीं जन्मे, कहीं पले मुरारी।
अब तो आके, मधुबन में, रास रचाओ
प्यासे कर्ण सुनने को, धुन वो तुम्हारी।।

तुझे बांध प्रीत की डोर में बाइक जबरदस्त चलाई

उढ़ा के चुन्नी तूने ओ सजनी
मुझ पे उपकार की रस्म निभाई।
आंधी आए या मेह बरसे मूसलाधार
तुझे घुमाने की कसम है मैने खाई।।

सफर हो गया आसान हमारा
हृदय में जो प्रेम की अगन जगाई।
तुझे बांध प्रीत की डोर में
आज बाइक जबरदस्त चलाई।।

मेरे खालीपन को सींच प्रेम सुधा से
बन कर ढाल, आगे की राह दिखाई।
अधूरा है जीवन का सफर, बिन पति पत्नी के
आज दुनियां की समझ में यह आई।।

जीते जी पूज लो पितृ को

कभी गोद, कंधे पर, कभी अंगुली पकड़ कर
दुनियां की सैर करवाता है वो।
लोह खंड सा मजबूत, बन खड्ग और ढाल
रक्षा कवच कहलाता हैं वो।।

तीर्थो में महान, देवता समान
फिर भी क्यूं नहीं पूजा जाता है वो।
संघर्षों से लड़ने वाला
प्रभु के समान विघ्नहर्ता है वो।।

धर्म, स्वर्ग, श्रेष्ठ तपस्या
ज्ञान का मार्ग दिखाने वाला, जन्मदाता है वो।
जीते जी पूज लो पितृ को
हम सब का अन्नदाता है वो।।

हर घर की इज्जत, दौलत, साहस
अच्छे संस्कारों का पाठ पढ़ाता हैं वो।
जीते जी पूज लो पितृ को
एक दिन हमें भी चले जाना है।।

घर में उजाला करती है बेटियां

जरूरी नहीं रोशनी चिराग से हो
घर में उजाला करती हैं बेटियां।
फरमान है दुनियां वालो से
विधाता की अद्वितीय कृति है बेटियां।।

जैसे संस्कार मिलेंगे उनको
वैसा समाज निर्माण करेंगी बेटियां।
ख्वाबों के पंख लगा के देखो
छू लेगी आसमान बेटियां।।

रुक जाएंगी बहुओं की मौतें
मान के देखो उन्हें बेटियां।
गर्भ में मार देते है हत्यारे
कभी शिकायत नहीं करती बेटियां।।

लाल गुलाब लगा लो चाहे आंगन में
जीवन खिलेगा, आने से बेटियां।
दे मुस्कान उसे, उसकी पहचान बनाओ
बहु, बेटी बन दर्द बांटती बेटियां।।

अद्वितीय माता पिता है वो
जिनके घर जन्म लेती है बेटियां।
ए खुदा बार बार शुक्र करू तेरा
मेरा अभिमान है मेरी बेटियां।।

दे रही मानव को संदेश

मक्का के खेत में खड़ी
सुंदर सी एक नारी।
बुलंद हौसले, चट्टान सी
लम्बे बालों वाली।।

हरियाली की चादर ओढ़े
प्रकृति की लीला न्यारी।
उछल कूद कर रहा, मेरा मन ... देख
लग रही दुल्हन सी प्यारी।।

कोई आज बरसो बाद खुश हुआ
देख बगीचे का माली।
खुशी से झूम रही वो
लगे कितनी प्यारी।।

खेत खलिहानों में, लहलाती फसलों में
खड़ी मन का दीप जलाए।
इसके आने से होता, धन धान्य इंसान
चढ़े रंग यौवन का जब, उतनी ही शर्माए।।

उपजेगा फिर कैसे धान
ना तुम उस पर छुरी चलाओ।
दे रही मानव को संदेश
हर आंगन की बगिया को महकाएगी।।

पेड़ की व्यथा

दर्द देकर ना पूछा करो,
दर्द की शिद्दत क्या होती है।
मत काटो मुझे तुम आरी से,
मुझे भी दर्द बहुत होता।।

आंख बंद कर जहरीली गैसे पी जाता हूं
बदले में प्राण वायु देता।
ना जाति धर्म पूछता किसी से
सबको मीठे मीठे फल देता।।

दिनभर पक्षी जब कलरव करते
वात्सल्य से दिल मेरा भर जाता।
पशु, राहगीर बैठते छाया में
देख उन्हें मैं गदगद हो जाता।।

फल, औषधि, जलाने की लकड़ी
रोक प्रदूषण, हरियाली मैं देता।
लुप्त होने लगी जाति मेरी
ना खेलते बच्चे यहां, ना कोई स्कूल चलता।।

होती थे ब्याह शादी और ग्राम सभाएं
अब तो कोई बात भी नहीं करता।
पैर नहीं, वर्ना घर घर जाकर
मैं तुमसे मन की बात करता।।

सीखो तुम खेजड़ली गांव से
मेरी खातिर जान वो गवां देता।
वसुंधरा को हराभरा बनाओ
विनती मैं सबसे करता।।

मैं शिरीष का फूल कहलाता हूं

बनना चाहूं गांधी जैसा
उसी के सपने लिए करता हूं।
जेठ की तपन को सह कर भी
मैं मुस्कराया करता हूं।।

बसंत में खिल खिलाना
आषाढ़ तक फूलों से लदा रहता हूं।
कमजोर कहते है लोग मुझे
नए पुष्पों आने तक, पुराने नहीं छोड़ा करता हूं।।

जलते है धरती और आसमां तब
न जाने कहां, कहां से रस खींचा करता हूं।
टूट चुके होते है, जब सब लोग
मैं जीने का जोश, उनमें भरता हूं।।

धूप, वर्षा, लू ये सब मिथ्या भटकाने के लिए
मैं अवधूत सा खड़ा रहता हूं।
बहुत देर बाद समझ आया लोगो को
मैं शिरीष का फूल कहलाता हूं।।

अहिंसा परमो धर्म

हिंसा मत कर किसी पर
गांधी ने धर्म बताया।
मौन, सरल, स्वभावी बन
अंग्रेजो को पाठ पढ़ाया।।

बिना खड्ग, बिना ढाल
क्रांति का बिगुल बजाया।
असहयोग कर अंग्रेजो का
स्वतंत्र भारत कराया।।

चरखा चला, सूत काता
स्वालंबी भारत बनाया।
बिना गोली, बारूद के
देश को आजाद कराया।।

मेरा धर्म सत्य और अहिंसा
सत्य में भगवान।
अहिंसा को साधन बताया
कायरता छोड़, सर्वोच्च गुण अपनाया।।

बुरा न देखो, बुरा न बोलो
बुरा न सुनो, स्वच्छ भारत का संस्कार दिया।
हानि ना हो किसी जीव को
अहिंसा परमो धर्म का जनक कहलाया।।

महाराजा सूरजमल

लूट रही थी जागीरे
पीड़ित थी बहु बेटिया, मुगलों के अत्याचारों से।
तब एक सूरज निकला
डीग के राज महलों से।।

मुगलों, मराठों, अंग्रेजो को
धूल चटाई भभकते शोलो से।
जाटों का प्लूटो कहलाया
अपनी वीरता और दृढ़ इरादो से।।

गवाह है ये चांद सितारे
नतमस्तक हो जाते थे राजा सारे।
घेर लिया मुगलों व अंग्रेजो ने
झुके नहीं शिरोमणी सूरजमल हमारे।।

हारा नहीं कभी रण में
ना कभी धोखे से वार किया।
समझ जाते थे शत्रु की हर चाल को
हंसते हंसते हर मुसीबत को पार किया।।

करने लगे किसान त्राहि त्राहि
ला के सुजान नहर उनका उदार किया।
विधा में थे परम ज्ञानी
लोहा गढ़ का ऊंचा नाम किया।।

बाबा भीम राव आंबेडकर

जिसने भले का काम कर दिखाया
सोई दलित जनता को जगाया।
आज भी बना नहीं संविधान कुछ देशों में
सबसे बड़ा संविधान वाला देश, भारत कहलाया।।

नारी को पढ़ने का अधिकार दिलाया
दलित को सिर ऊंचा कर जीना सिखाया।
मरते थे जात पात के नाम पर
उनको एक दूजे के गले लगाया।।

ना हो कोई छोटा, बड़ा जाति से
स्वतंत्रता व समानता का अधिकार दिलाया।
अपने मीठे वचनों से भारत में
उच्च नीच का भेद मिटाया।।

ना किसी के कहने पर तुम
हिंदू या मुसलमान बनो।
बाबा साहब ने एक ही बात कही
सबसे पहले तुम एक इंसान बनो।।

अछूत, दलित, हीन कहने वालो
आज भी क्यूं, ये भूल जाते हो।
इस धरा पर जन्मा भाई भाई नहीं
तो क्यूं मातृभूमि का नारा लगाते हो।।

फूल फूल से बागवान बना
बाबा साहब की तामीरों से हिंदुस्तान बना।
रोका मां, बहनों, दलितों पर अत्याचार बना विधान
शीश नमन करो इस धरा को, जिस पर जन्मा भीम महान।।

पुलवामा शहीद विशेष

वेलेंटाइन पर कैसे लिखूं
चारो तरफ गम के बादल है छाए।
नमन करू उन वीर शहीदों को
जो लौट कर के नहीं आए।।

देना प्रभु .. शक्ति उनको
जो महकता चमन छोड़ आए।
ना तरसे किसी चीज की खातिर
जो बिलखते मां बाप छोड़ आए।।

गजरे की खुशबू बिखेरने न देना
जो आंसुओ से भरी प्रियतमा छोड़ आए।
ना हो पुलवामा जैसी घटना
फिर मां भारती की आंखे न भर आए।।

ना लड़े कोई देश आपस में
भाई को भाई गले लगाए।
नमन करू उन वीर शहीदों को
जो लौट कर के नहीं आए।।

धुआं धुआं उठने लगे
जब गम के बादल छाए।
देना हिम्मत हम सबको
मेरा तिरंगा सदा ऊंचा लहराए।।

मौन को रोते देखा

सभी जा रहे थे, ईदगाह में.....सहसा
रास्ते में बंदरिया के बच्चे का विलाप देखा।
मुख से मुख लगा, कभी पूंछ उठा कर
मेले में उसे .. जाने की जिद्द करते देखा।।

हो.. गई ... खुदा.. को प्यारी वो
मृत मां की आंखों में आंसू बहते देखा।
चीख चीख कर बुरी तरह
उस दिन मौन को भी रोते देखा।।

शब्दो से ज्यादा, अर्थ खोते मौन को
उस नन्हे बच्चे के उजड़ते संसार को देखा।
छोड़ कर अपनी मां को, लड़ने जग से
मेरी गोद में आकर, उसे बैठते देखा।।

इस मिथ्या संसार में, आत्मा ..परमात्मा को
मिलते और बिछड़ते देखा।
रो रहे थे हम दोनों, बिन शब्दो के
मौन ने जो कहा, उसे स्वीकारते देखा।।

सो गया था आसमां, सो गई थी जमीं
आंखों आंखो में रात को भोर होते देखा।
जितना जरूरी था, बोले अंदर ही अंदर
उस दिन जिंदगी को, बहुत नजदीक से देखा।।

नानक नाम जहाज

जहर उगलती इस दुनियां में
किस किस को आस बंधाऊ।
कदम कदम खाई ठोकर जिन्होंने
रोते बुलबुल बच्चो को सीने से लगाऊं।।

हर ताले की चाबी जिसके हाथ में
मैं वो राम नाम जपता जाऊ।
घेरा इस जग की माया ने सबको
चारो तरफ दुखों का अंधेरा।।

अहंकार से सब बर्बाद हुआ
नानक नाम ही मैं पाऊं।
गुरु बिन मिलता नहीं ज्ञान
नानक चरण में शीश नवाऊ।।

गुरुओं में हो तुम महान
ज्ञान दीप जला, अंधकार मिटाऊ।
करने भव सागर पार मैं
नानक नाम जहाज में, जगह बनाऊं।।

ज्योतिबा फूले

फूलों से खिलना सीखा, जला ज्ञान की ज्योत।
बने महात्मा, सत्य शोधक का बन आलोक।।

पढ़ने लगी कन्याएं, किसी की एक न मानी।
थूका लोगो ने, फेका गोबर और गंदा पानी।।

जातिप्रथा, बालविवाह का जब विरोध किया।
आकर दवाब पिता के, घर का त्याग किया।।

कैसे हार मानते, पढ़ाने की कर ली तैयारी।
समाज सुधारक, लेखक, दार्शनिक थे क्रांतिकारी।।

स्त्री शिक्षा और दलितों का उत्थान पड़ा भारी।
बेच दी थी अपनी जमीन, जायदाद सारी।।

पन्ना धाय

छाने लगे पाप के बादल
चितौड़ दुर्ग हिलने लगा।
धूर्त, दुष्ट था बनवीर
राज हथियाने षड्यंत्र रचने लगा।।

मार दिया विक्रम को धोखे से
उदय को मार्ग से हटाने चल दिया।
आज थी ममता की कठोर परीक्षा
बिजली सी कौंध गई।।

भनक लगी धाय पन्ना को
पन्ना थी वीर चतुर क्षत्राणी।
विचित्र विचार जगा मन में
उदय के स्थान पर चंदन को सुला दिया।।

मां का ममत्व जाग उठा
ले कटार बनवीर पर वार किया।
इतने में हाहाकार मच उठा
सिर चंदन का धड़ से अलग किया।।

शीघ्र चंदन सो गया गहरी निद्रा में
हे प्रभु, ये मां के साथ कैसा अन्याय किया।
दिल के टुकड़े को, पापी को सौप दिया
धरती अम्बर कांपे, पन्ना ने वो काम किया।।

ना हुआ कभी इतिहास में ऐसा
जो हुआ मेवाड़ में।
उठो मेरे लाल, पन्ना पुकार रही
आज भी चंदन सोया, मां के मीठे दुलार में।।

पिता हमारे जीवन दाता

संघर्ष की आंधियों में हौसला देते
आए आंसू बच्चो के तो, खुद टूट जाते।
हर घर में होता है वो इंसान
जिसे हम पापा कहते।।

सारे जग से न्यारे, पापा मेरे
सच्चाई का पाठ सिखाते।
पूरी करते मेरी हर इच्छा
मेरे पापा मेरी प्रेरणा बन जाते।।

मेरी इज्जत, मेरा साहस, मेरी दौलत
उन्ही से मेरी पहचान पाता।
मेरे पापा मेरे भाग्य विधाता
रहे यूं जन्म जन्म का नाता।।

कभी गोद, कभी कंधे पर, अंगुली पकड़ कर
दुनियां की सैर कराते है पापा।
लोहखंड से मजबूत, बन खड़्ग और ढाल
रक्षा कवच कहलाते है पापा।।

क्या अच्छा, क्या बुरा, संस्कारों का पाठ पढ़ाते
जीवन में कैसे है जीते, चलना सिखाते।
परम सत्य ज्ञान मान कर उनका
पापा को निस दिन वंदन करता।।

मैं मजदूर हूं, इसलिए मेरी कभी बात नहीं हुई

सोचा था हंसते हंसते करेंगे राष्ट्र का निर्माण
फूलों से कांटे चुन लेंगे।
श्रम की महता, होती कर्म की पूजा
ये दुनियां को दिखला देंगे।।

समाज में है खटमल बहुत सारे
छोड़ा नहीं खून का एक भी कतरा।
नंगे पैर, खाली पेट, कंकड पर भी सोए
फिर भी मुनासिफ मिला ना, तन को कपड़ा।।

पत्थरों की होती पूजा यहां
श्रमिको पर अत्याचार हुआ।
बने कई अंतराष्ट्रीय संगठन
फिर भी श्रमिक का परिहास हुआ।।

जिस पर टिकी आर्थिक उन्नति
वो फुटपाथ पर सोने को मजबूर हुआ।
सर्दी, गर्मी में रुकने, थकने का काम नहीं
तंग आ चुका ए जिंदगी, मुझसे कैसा पाप हुआ।।

होली ..गई ....दिवाली...गई
खुशियों से ना कभी मुलाकात हुई।
अपनी ढपली, अपना राग.. देश में
मैं मजदूर हूं, इसलिए मेरी कभी बात न हुई।।

मामला कुछ यूं बिगड़ा

लहराते थे खेत यूं मस्ती में
खुद मालिक था, अपने खेतों का।
पड़ महाजन के चक्कर में
कर्जा ले लिया बहुत सारा।।

बेदखल हुआ ज़मीं, मकान से
चुका ना पाया कर्जा, बेचारा।
आई महामारी दुनियां में, बरसो बाद
छोड़ गया उसे, आंखो का तारा।।

उजड़ गई सुख की खेती
बिक गई, बैलों की जोड़ी।
बिन दवा के घरनी, स्वर्ग चली
बिन देख रेख में, मर गई बिटिया प्यारी।।

भरा दूर तक, दैन्य, दु ःख का रोदन
मामला कुछ यूं बिगड़ा।।
मझधार में छोड़ खिसका, संसार उसका
न रहा घर का, न रहा घाट का।।

पिछले सुखों की स्मृति कर
आंखो मे है एक चमक आती।
देख घर में विधवा पतोहू को
सांप लोटते, फटती छाती।।

श्राद्ध

मुंडेर पर अब कौआ दिखता
मन श्राद्ध की श्रद्धा से भर जाता।
तर्पण, पिंडदान की निभा परम्परा पुरानी
मन प्रसन्न हो जाता।।

घी का दिया, कौआ को खीर
जी भर ब्रह्मण को दक्षिणा करता।
खुश रहे पितर मेरे
ये सब हमे संस्कार सिखाता।।

बुद्धि, पुष्टि, स्मरण शक्ति, धारण शक्ति
ऐश्वर्य का पूर्ण फल भोगता।
वंदन पितरों का कर, करे असीम उपकार
द्विज भोजन कराने से, व्यक्ति बने महान।।

मिलता हमे सर्वदा, पितरों से यही वरदान
कष्ट सब मिटे, पुत्र हो आयुष्मान।
रीत सनातन श्राद्ध है, करो इस पर अभिमान
दान पुण्य करने से, प्रसन्न हो भगवान।।

पितरों में बसते, ब्रह्मा, विष्णु, महेश
श्रद्धा पुरीत भाव रख, माने सभी विधान।
पितृ पक्ष पन्द्रह दिन की करो तैयारी
पितरों को तृप्त करना, है हमारी जिम्मेदारी।।

कागज पर लिखने से क्या फायदा

कागज पर लिखने से क्या फायदा
दिल पे लिखा ही, मिटा देते हैं लोग।
बहुत चला संभल कर यारो
क्यूं रास्ते में रोड़े अटका देते है लोग।।

इश्क सरेआम करने से क्या फायदा
क्यूं पत्थर दिल हो जाते है लोग।
ना दिन अच्छा लगता है, न रात
क्यूं सबकुछ पैसे को मान लेते हैं लोग।।

अब कैसे खुद को साबित करू
अनजाने से क्यूं, लगते है लोग।
कागज है अनमोल, वृक्षों से पूछो
भावो में बह, कागज को बदनाम करते हैं लोग।।

था सुखी जीवन, कागज से बातें करते थे
कागज को क्यूं नजरंदाज करते हैं लोग।
पल में रूठना, मनना, ये कैसी है बीमारी
क्यूं मोबाइल का प्रयोग करते हैं लोग।।

कागज पर लिखने से क्या फायदा
क्यूं दूसरों से तुलना करते हैं लोग।
जिस जिस के चोट लगी है दिल पर
वो चुपचाप बैठे हैं लोग।।

दिल बड़ा नाजुक है संभाल के रखो यारो

लाल गुलाबी रंग, लिए मुट्ठी का आकार
धड़क रहा है छाती की ओट में.. यारो।
प्रेम, सौहार्द, भाईचारा सिखाता है हमे
दिल बड़ा नाजुक है संभाल के रखो यारो।।

सोचा नहीं था जिंदगी में
बहुत कुछ दुनियां से छुपाएंगे।
डूबते रहे खुद इश्क के दरिया में
बेचारे दिल को रुलाएंगे।।

मेरे आसमां को कभी जमीं ना मिली
चक्कर लगाता रहा दोनो के दरमियान में।
आवारा, पागल, न जाने क्या क्या कहा जमाने ने
बरसता रहा रहम मेरे नाजुक दिल में।।

लैला मजनूं, हीर रांझा, कालबेलिया
कई बार पढ़ा देवसेना का गीत यारो।
मत उछालो इस पर कीचड़
दिल बड़ा नाजुक है, संभाल के रखो यारो।।

काम, क्रोध लोभ, माया से दूर रखता
जब दिल से दिल मिल जाता है यारो।
वो क्या किसी को दु ःख देगा
ये तो नाजुक हैं संभाल के रखो यारो।।

दिल तोड़ कर किसी का
ना रब से फरयाद करना यारो।
मैने सुना है कई बार
दिल की आवाज लोट के आती हैं यारो।।

मातृभूमि पुकार रही

मस्तक देकर आज बचानी
इज्जत बहू, बेटियों की।
झुकने ना देगें, शीश मातृभूमि का
आज वो हमे पुकार रही।।

सुरभित, सुंदर, सुमन खिलते जिस पर
जिसके आंचल में बड़े हुए।
औषधि, धातु रत्नों की खान है वो
सरस, सुधोपम फल के लिए पुकार रही।।

भयनिवारणी, शांतिकारणी, शरणदायनी
का कलेजा टूट गया टुकड़ों में।
देख बढ़ते धरा पर अत्याचार
आज यूं पीड़ा में पुकार रही।।

नसों में भर अंगार, ज्वार फिर फूटेगा
मत फंस तितलियों के चक्कर में।
कुछ अधूरा स्वप्न पूरा करने तुझे
मातृभूमि पुकार रही।।

बाकि तीर्थ सब बेकार है

क्या गरीबी ....क्या अमीरी
सबका एक ही परवरदिगार है।
बांट दिया जग वालो ने
वर्ना मां में ही, सारा संसार है।

जिसे गोद में बिठा, खिलाता भोजन
वो मां कितनी खुश नसीब है।
पैसे वालो को लड़ते, झगड़ते देखा
मिला मां का प्यार, वो धनवान है।।

तृप्त हृदय हो जाता भोजन से
कितने अच्छे संस्कार है।
आज दे रही दुआएं मां, अपने बेटे को
यही मां बेटे का प्यार है।।

सबसे बड़ा धर्म है मातृ सेवा
बाकि तीर्थ सब बेकार है।
करते है आडंबर बहुत सारे लोग
उनका जन्म धिक्कार है।।

खेलकूद और बचपन

जब याद आते मुझे वो लम्हे
मैं फिर बच्चा बन जाता हूं।
कभी झूलता पेड़ो से, कर शरारत मन ही मन
मां के आंचल में छुप जाता हूं।।

पढ़ना, खाना और खेलना बस यही था काम
ईर्षा, दोष, ना भेदभाव की दीवार थी।
चंचल तन, निश्छल मन, पीपल की छांव में
मदारी का खेल दिखाने लग जाता हूं।।

रोना, मचलना, जिद्द मनवा लेना
दिखा वो झूठ मूठ के आंसू।
शरीफ बनने का नाटक याद कर
पूरी रात उसी में खो जाता हूं।।

इस जमाने से सौदा कर क्यूं
दिन को बेच, तन्हाई खरीदी।
ख्वाहिशों को दफना कर क्यूं
सुकून ए जिन्दगी ढूंढने लग जाता हूं।।

अटल बिहारी वाजपेई

हजारों हो चाहे ख्वाहिशें दिल में
कहां मन भरता है।
ऐसा ओजस्वी, संयमी, कवि, लेखक
प्रखर वक्ता कहां मिलता है।।

भारतीय राजनीति के युगपुरुष
कोमल हृदय वाला, संवेदनशील कहां मिलता है।
बज्र बाहू, राष्ट्र प्रहरी, सच्चा देशभक्त
अटल बिहारी जैसा कहां मिलता है।।

सड़को से जोड़ा, देश के हर कोने को
ऐसा मिलनसार कहां मिलता है।
सदा ए सरहद चला लाहौर बस
अब ऐसा शांतिदूत कहां मिलता है।।

धूल चटाई दुश्मन को
ऐसा विजयश्री यहां मिलता है।
डग भरते रहे, चोट खाकर
सिंह सा गरजने वाला, कहां मिलता है।।

जो कल था, आज नहीं
उस कर्तव्यनिष्ठ की याद दिलाता हैं।
आई बाधाएं, टूटे कई बार सपने
उसे पूरा भारत सलाम करता है।।

दुष्यंत कुमार जी

कंठ में दबी चीत्कार को सुन
आम जनता में खोया विश्वास लौटाया।
लिख एक से एक बढ़कर गजल
संसद तक अपनी आवाज को उठाया।।

सामाजिक चेतना की अलख जगा
मातृभूमि और वीरों के महत्व को बताया।
सरकार की कथनी व करनी में अंतर कर
झूठे वादों से हर जन को सावधान किया।।

भ्रष्टाचार पर जड़ा, करारा तमाचा
स्वार्थ की राजनीति पर प्रहार किया।
करुण व्यथा, दारुण, दिलों में धधकती वेदना को
दुष्यंत जी ने ही चकनाचूर किया।।

ढाई अक्षर प्रेम के

पढ़ पढ़ अंगिनित पोथी
प्रभु से साक्षात न होए।
ढाई अक्षर प्रेम का
पढ़ के जीवन सफल होए।।

बड़े बड़े ग्रंथ पढ़, सीखा न प्रेम
बढ़ा कोरा ज्ञान, अज्ञानी होए।
जिसने चखा रस प्रेम का
वो असली ज्ञानी होए।।

देख पर पीड़ा, कष्ट, दु ःख
नेत्र कभी न छलके होए।
पढ़ ढाई अक्षर प्रेम का
कबीर सा ज्ञानी होए।।

जान शक्ति प्रेम की
बंध गया इसमें जो कोए।
जाति पाती तोड़ जग बंधन
मानव ईश्वर तुल्य होए।।

धन दौलत है आनी जानी
लख चौरासी चक्र होए।
अंतर्मन में दया, प्रेम, करुणा
जन्म मरण से मुक्त हो जाए।।

घटते संस्कार

भाई हो गया, भाई का दुश्मन
मचा है देखो हाहाकार।
कोई भी अब सुखी नहीं
भूल गए संस्कार।।

खो गई सारी लाज लज्जा
बना मानव हृदय पाषाण।
हत्या, डैकेती, बलात्कार, आम हो गई
नहीं हिचकिचाता वह लेते प्राण।।

दया, प्रेम का नाम नहीं
संस्कारों की बात करना है बेकार।
सहयोग, समन्वय, धैर्य हो गई मजबूरी
संस्कार विहीन परिवार।।

झगड़े, अवैध संबंधों को दर्शाते धारावाहिक
मात पिता भी है लाचार।
चार दिवारी लांघ, पहुंच गए कोर्ट कचहरी
इन सबका दोषी, घटते संस्कार।।

पैसा

इज्जत पैसे की होती, आदमी की नहीं
रिश्ते, नाते सब टूट जाते, जब पैसा नहीं।
भाई, दोस्त, समाज, सब इज्जत करते
वर्ना उससे गिरा कोई इंसान नहीं।।

भूख है तो सब्र कर, रोटी नहीं तो क्या हुआ
इस पैसे की खातिर ही, देश में भ्रष्टाचार हुआ।
दिखलाता बड़े बड़े ख्वाब, यह पैसा
जिसको भी मिला, वो ही मालामाल हुआ।।

पैसा ही रखता हर तरह का ध्यान
जग वाले करते, हरदम उसका मान सम्मान।
दु:ख सुख, हंसी ठिठोली के सब भागीदार
रखता पैसा जो इंसान।।

हत्या, लूटपाट, अपहरण होते यहां
पैसे में बिकता धर्म और कानून।
धन से बड़ा कुछ नहीं इस जहां में
बड़ा वही जो है धनवान यहां।।

जमीन जायदाद के बटवारे की खातिर
भाई करता भाई का खून।
अजब तुम भी पैसे वाला बन जाओ
पैसे बिन यहां सब सून।।

अनसुनी दास्तां

एक अजीब अनसुनी दास्तान
है मेरे अफसाने की।
कौशिश की पल पल मैने
उसके पास जाने की।।

दोस्त ही तो हमदर्द होते है दोस्तों के
कसमें भी खाई थी, साथ निभाने की।
किस्मत ही ऐसी है मेरी
समझ न पाया साजिश जमाने की।।

राह चलते को लगाया गले से
सजा भुगत रहा, उस बेगाने की।
दिल से दूर जिन्हें कर न सका
आदत बन गई, मुस्कराकर दर्द भूलाने की।।

ना दोस्ती निभा सकी, ना दुश्मनी वो
भूल कर मुझे, जी रही जिंदगी चैन की।
समझने वाले समझ गए होंगे
बाकि रहमत है खुदा की।।

संत रैदास

कोई छोटा बड़ा नहीं, बनता कर्मो से महान
कर्मो को कोसता रहे, करे ना उसका सम्मान।
कोई भूखा ना सोए, मिले खाने को अन्न
मिटे जात पात का षडयंत्र, होगा रैदास प्रसन्न।।

अंधविश्वास, कुरूतियो से हो रहा समाज का पतन
बने एक ही मिट्टी से, है किसका अभिमान।
करो शुभ कर्म, नहीं तो जीवन नर्क समान
कर मात पिता की सेवा, कहता वेद पुराण।।

मन पवित्र है, तो होगा ईश्वर का वास
क्यूं सींचे फल फूल, मूर्ख तू जड़ नादान।
राम, रहीम, कृष्ण, राघव तेरे ही तो नाम
कहे रैदास, लीन हो भक्ति में, कर तू पहचान।।

छूट जाएगा जन्म जन्म का बंधन
ना कोई ब्राह्मण, क्षत्रिय, शुद्र, वैश्य, करो मनन।
मिटा के देखो भेदभाव, छुआछूत, हर्षित होगा मन
हंस हंसके खेलेगा रैदास तब, सबके घर आंगन।।

हास्य रस (रंग के संग)

बड़े, बच्चे, और बूढ़ों
में है मस्ती छाई।
खुशियों का रंग लेकर
होली है आई।।

सोचा था इस बार जी भर
रंग डालूंगा भाभी में।
हंसी ठिठोली हो रही थी रंगो से
भाभी पहचान में न आई।।

पकड़ लिया कसकर बुआ को
खूब हुई रंगो से धुलाई।
हंसी रोक ना पाया तबसे
पोपली बुआ मुस्कराई।।

बापू ने कसकर बेत लगाई
मां ने भी चप्पल उठाई।
भागना मुश्किल हो गया
जब सामने भाभी खड़ी पाई।।

तेरी राहों में हम फूल बिछाएंगे

संग मिल कर हम
खुशी के नगमे गाएंगे।
आ पलकों पे सजालू तुम्हे
यूं एक दूजे में डूब जायेंगे।।

आए ना बयार दुख की
आशा के दीप जलाएंगे।
देना तुम आवाज कभी
दौड़े दौड़े चले आएंगे।।

बन पंछी मस्त गगन के
सबको ये दिखलाएंगे।
मरना जीना तो दस्तूर जिंदगी का
कष्टों से ना घबराएंगे।।

कब तक रहोगी रूठी हमसे
तेरी यादें यूं ना मिटा पायेंगे।
चुन चुन कर सब वो कांटे
तेरी राह में हम फूल बिछाएंगे।।

आजाद हूं और आजाद रहूंगा

कुर्बानी का है जज़्बा
मेरे देश की मिट्टी में।
आजादी की चिंगारी
निकलती है मेरे बदन में।।

मौत हो जहां जन्नत
जिस वतन में।
आजाद हूं और आजाद रहूंगा
इस वतन को न झुकने दूंगा।।

खून उबल रहा है मेरी इन रगो में
पानी की तरह बहा दूंगा।
जब तक है जान इस बदन में
एक एक कतरा मेरा, वतन के नाम कर दूंगा।।

पत्र पेटिका

माना आजकल वो दिखाई देती नहीं।
मगर उससे मोहब्बत, आज भी कम नहीं।।
लाल रंग से घिरी दुल्हन सी, मुस्कुराती थी।
जैसे उसको था, कोई गम नहीं।।

कोस रही है आने जाने वालों को।
उसके जख्मों का, जैसे कोई मरहम नहीं।।
आ गया जमाना मोबाइल, इंटरनेट का।
चलो ये संतोष भी कम नहीं।।

संवदिया से कंप्यूटर और लैपटॉप तक।
किसी सौतन से भी कम नहीं।।
क्या भूल हुई थी हमसे, चाहने वालो।
इतना बेदर्दी इंसान तो था नहीं।।

ना अब राखियां, ना परदेशियों का प्यार।
ना चिट्ठियां, अब वो मनीआर्डर नहीं।।
था एक दौर वो प्यार बांटने वाला।
अब वैसी बेसब्री और इंतजार नहीं।।

कितनी ही बार सर्दी, गर्मी, बारिश को सहा।
कोरोना का समय भी था, कम नहीं।।
अपनालो हे दुनियां वालो, मुझे भी।
गाड़ी को छाज कोई भारी नहीं।।

मनाली का विहंगम दृश्य

कठिन रास्तों से गुजरती जिंदगी का
देखा विहंगम दृश्य
ना कोई पड़ाव, ना कोई मंजिल की आस
इधर उधर झांकती मौत की खाई
वो पचास मील की चढ़ाई
चढ़ते चढ़ते थकती सांसे, लगा रही थी अटकलें
जब देखा रोहतांग की चोटी से
कण की भांति नजर आता शहर
वहां के खूबसूरत पहाड़, हसीन वादियां, बिछी बर्फ की चद्दर
मेरी मां की गोद की तरह
खेलने को मजबूर, अपनी गोद से चिपकने के लिए
पास बुलाती हर पल
ये झरने, ये बहती नदियों का शोर
जैसे चाहती है.....कुछ कहना
जब कभी मन उदास हो जाता तो
यॉक की सवारी,
पक्षियों की चहचहाहट कहती उड़ान भरने को
फिर भूल जाता, देख विहंगम दृश्य को
दिनभर की थकान

वो आयेंगे

मैं भृगुतुंग हूं सुबह से परेशान, पता नहीं
आप सब का अपने घर जाकर मन लगा होगा या नहीं
झुंझुनू वाले जब भी यहां आते है, कमबख्त क्यूं
दिल को साथ ले जाते है।
कल शाम से ना उनके चिल्लाने की आवाज
ना नाचने गाने का शोर
ना गलियों की दुकानों में मोलभाव
दिल बैठा जा रहा है, शायद मैं इसी के लाइक हूं।
मुझे रोहतांग घाटी कहना ही उचित होगा
पता नहीं कितनी ही लाशे दबी है मेरी तलहटी में
आने वालो को डरने पर मजबूर करने वाली, इसकी सनसनाहट से अक्सर
मैं भी डर जाती हूं।
पर जब ये आते है तो मैं खुशी के मारे, सब काम छोड़कर
दुर्गम, कठिन रास्तों को भी सरल,
बर्फ हटाकर खुद ओढ़ लेती इसकी चद्दर
उनके खेलने की जगह बनाने में लग जाती हूं।
वो आयेंगे .... जरूर आयेंगे, बार बार
अपनी यादों को समेटने, मुझे बहलाने, रिवर राफ्टिंग, बैलूनिंग, पैराग्लाइडिंग
मुकेश जी, संदीप जी का सपना साकार करने

अरमानों का खून

ए मरघट में जलती मेरी चिता से
निकलने वाली लपटों
सुनो.. दूर तक अज्ञात दिशा से
बाबूजी की रोने की आवाज..
मां की तड़फती ममता
पागल सी बहना, बिलखते भाई की
बेसुध आने की आहट
रोक लो इन्हें कोई
खून से लथपथ मेरी छाती
हजारों चाकुओं का वार
सनी खून से माटी
नहीं देखी जाएगी इनसे
हां....चिल्लाया था जोर जोर से
बचालो बाबूजी .... बचालो बाबूजी
सुख गया था गला, सांसे टूट रही थी
सब बर्बाद हो कर
अरमानों का खून बह रहा था
मुस्कान को तो दुबारा नहीं
नारी बन चुकी है अत्याचारी
लुटाने प्यार इस धरा पर
बन कर बेटा मां बाबूजी का फिर आऊंगा

दे दे मुझे भी वहीं मुखौटा

ऐ मुखौटा बेचने वाले
मुझे भी दे दे ऐसा ही मुखौटा
जिसमें ना दिखाई दे
मेरी सजल आंखे, आंखों के आंसू
मेरे अपनों के लिए तरसती ये आत्मा
जो दिनरात रोती उनके कष्टों को देख कर
हर बार की तरह फायदे का सौदा करके
क्यूं धिक्कार देते है मुझे
मैं अब ओर रोना नहीं चाहता
रोऊं तो भी, ऐसी हो व्यवस्था
पी जाए सारे आंसू तेरा मुखौटा
किसी को भी दिखाई ना दे
दे दे मुझे भी वहीं मुखौटा
जो पहने घूमता है, यहां हर आदमी

भूल कर जाति धर्म

रोहतांग के दक्षिण मुख पर
मस्तानों का टोला, भूल कर जाति धर्म
उड़ेलते व्यास का पानी एक दूजे पर
देखो.. कितना दृश्य है अनुपम और मनोहर
कहीं गहरी ...., तो कहीं उथली
ना कोई रोक, ना कोई टोक
नाव वाला पुकारता बार बार यही
भैया जल्दी करो, फिर भी
ना घर पहुंचने की जल्दी, बस सबकी एक ही नजर
अपनी मां की गोद में मचलने का लुत्फ
कौन गवां सकता है, वो कैसे हो सकते है बावले
बहुत समझ है इनमें जनाब
जन्मों जन्मों का धोकर पाप, देखो नहा रहे
मस्तानों का टोला, भूल कर जाति धर्म
सिर्फ बहना हमारा कर्म नहीं
अतीत का संघर्ष, सभ्यता का इतिहास बताने
कितने विकसित हुए गांव और शहर
तुम कितनी ममतामयी हो, ये बताने
देखो ... नहा रहे
मस्तानों का टोला, भूल कर जाति धर्म

हुई धरा हरी भरी, मिलने को दिल तरसे

रिमझिम रिमझिम सावन की फुहार बरसे
हुई धरा हरी भरी, मिलने को दिल तरसे
पड़ गए चारो तरफ सावन के झूले
संग झूलने को, मेरा मन तरसे

सांझ सुहानी लागे, हर्षित करती भोर
लता, विटप सब झूमते, महक उठा हर पोर
बादल घिर घिर आए, उठे घटा घन घोर
बिजुरिया मुझको डराए, तन मन उठे हिलोर

पपीहा पीहु पीहु बोले, बस पानी चहुं ओर
हर्षित हुए किसान सब, नाच उठा चित चोर
कैसे लगे नैन पिया बिन, नहीं गुजरती रैन
पर तू क्यूं नहीं आया, रह गया किस ओर

कहे माथे की बिंदिया, ताने दे नथनिया
किस किस के उलाहने सहु, चलता ना कोई जोर
सखियां झूला झूले, रिमझिम होती बरसात
नैनो से अश्रु बहते, हो जाती दिन से रात

मादक सी अठखेलियां, जगाती है जज्बात
यौवन तेरी याद में जलता है दिन रात
रिमझिम रिमझिम सावन की फुहार बरसे
हुई धरा हरी भरी, मिलने को दिल तरसे

अक्षय तृतीया

परशु राम रै अवतार रो दिन
आखातीज रै नाम सु जाना जावै।
मंगल कार्य खूब होवै आ दिन
अबूझ मुहूर्त रै नाम सु जाना जावै।।

लक्ष्मीजी अर विष्णु री पूजा होवै
धन धान्य सु घर भर जावै।
अटक्योडा टाबरिया सब रा
परिणय सुत्र में बंध जावै।।

बाजरा रै खिचड़ा में घी मिला
भर पानी रो घड़ों आखातीज मनावै।
है बड़ो पवित्र दिन आज रो
जो साच्चा मन सु ध्यावै।।

बांके बिहारी के चरणा रै दर्शन मात्र सै
सगला दुख दूर होवै, अर पुण्य कमावै।
करै धार्मिक अनुष्ठान अण दिन
तन मन सु पवित्र हो जावै।।

मर्यादा

नग्नता सौंदर्य नहीं
ना ऐसी वासना में पवित्रता।
मर्यादा की ओट में करती
भारतीय संस्कृति पर चोट।।

छोड़ परिधान श्रृंगार का
फटी जींस का माजरा समझ नहीं आया।
हंसी के पीछे, छिपी इनकी खामोशी का
दोहरा मिजाज समझ नहीं आया।।

जूठा था इश्क या थी मजबूरी
दस्तूर समझ नहीं आया।
झूठी तसल्ली पाकर आज तक
जमाना क्यूं मुस्कुराता आया।।

फैशन के इस दौर ने
सभी मर्यादाओं को तोड़ दिया।
आंखे शर्म से झुक जाती है
क्यूं लोक लज्जा को छोड़ दिया।।

महल से उसे कई बार देखा

खिड़की पिछवाड़े की जब खुलती
कटे हाथों को मशीन बनते देखा।
वक्त को आते, न जाते, न गुजरते देखा
करने शांत क्षुधा, जमा होते लोगो को देखा।।

तपती दुपहरी में, तपती आंच के सामने
मक्कई भुट्टो को सिकते देखा।
जब चोट लगती जिगर पर
पापी पेट की खातिर, पसीना बहाते देखा।।

मन में हो उत्साह, अदम्य साहस
प्रस्तर भी पारस बनते देखा।
दोनो हाथ नहीं, उस बुलंद इरादे वाले को
स्वाभिमानी के साथ जीते देखा।।

मुश्किलों में कैसे लड़ना, सीखा उसे
सूर्य से पहले, उदय होती किस्मत को देखा।
जो नहीं मिला, उसका मलाल नही
तप्ति रेत सी जिंदगी को, महल से कई बार देखा।।

सत्रह दिन मौत के साए में मजदूर

चल रहा था निर्माण, मस्ती में
बढ़ रहे थे विकास की ओर।
अचानक ढहने लगा मलबा
अंधेरा हो गया चहुँ ओर।।

घुटन सी होने लगी तब
कैसे गुजरे वो मौत के सत्रह दिन।
दुआ मिली हर भारतवासी से
सरकार का साथ था हर पल।।

हाथो में ऑगर, ड्रिल लिए
थी मजबूत कद काठी उनकी।
मशीनों की चर चर की आवाज से
डरे हुए थे सब साथी।।

पहुंचने लगा खाना, गैस ऑक्सीजन
ताशपति, शतरंज का सामान दिया।
हर बाधा को पार करते हुए
उन्होंने नया जीवन दान दिया।।

महाशिव रात्रि

डम डम डमरू बाजे
गले में जिसके, सर्प विराजे।
गंगा है जिसकी सरताज
पी कर भांग धतूरा नाचे।।

भयंकर तांडव रूप जिसका
त्रिनयन वो है जटाधारी।
माथे पर चंद्र विराजे
भक्तो के कष्ट हरता, त्रिशूल धारी।।

एक पांव अकश्मा दबा कर
दूसरे को नृत्य मुद्रा बना कर।
एक हाथ में डमरू, दूसरे में अग्नि
करते लीला शिव शंकर भोले।।

मां पार्वती की मनोकामनाएं
करने पूर्ण लिया अवतार।
तरह तरह के खेल रचाए
सम्पूर्ण आकृति में ॐ कार।।

त्रिलोक में है जिसकी चर्चा
है आज उनका त्यौहार।
आओ सब मिलकर मनाए महाशिव रात्रि
करे दानपुण्य और उपकार।।

जिंदगी के उतार चढ़ाव

अजीब खेल है जीवन का
आए बहुत जिंदगी के उतार चढ़ाव।
ना रहे कोई जन दु :खी
फैले समरसता का भाव।।

रोज बनते टूटते है इरादे
कांटो सा का सफर है जिदंगी।
खुद को इतना काबिल बनाओ
देगी लाजवाब फल जिंदगी।।

रोज बदलती है जिंदगी
रोज फैसले बदल जाते है।
अब इंसान का भी नहीं भरोसा
गिरगिट से बदल जाते है।।

कितना होगा विकास जिंदगी का
आते नित नए उतार चढ़ाव।
कई रिश्तों को बचा लिया
करके अच्छे लोगो का चुनाव।।

प्यारे- प्यारे, दादा -दादा

प्यारे -प्यारे, दादा -दादी के बिना
घर कहां पूरा होता है।
जहां ना हो दादा- दादी का प्यार
वो घर हमेशा अधूरा होता है।।

कभी माता तो, कभी बन पिता
वो हमें संस्कार सिखाते।
कान पकड़ कर, लगा डांट
गलती का अहसास कराते।।

देख पोते-पोती की आंखों में आसूं
अपने सीने से चिपका लेते।
डांटे यदि कोई ओर तो
पूरा घर सिर पर उठा लेते।।

बात- बात पर बेटे बहूं को डांटते
पोते-पोती को आंच न आने देते।
खेलकूद में मस्त, पोते-पोती के संग
पीठ पर बैठा, पूरे आंगन में सैर कराते।।

जब भी आए मुसीबत उनको
बन ढाल, सुरक्षा करते।
पापा की डांट, मां की मार से बचा
बैठा गोद में, अच्छी अच्छी कहानी सुनाते।।

उठो पार्थ अस्त्र उठाओ

यह धर्म युद्ध है रणभूमि में
ना अधर्मियो से साथ निभाओ।
युद्ध तो युद्ध है, ना कोई अपना पराया
मानो कहना ..उठो पार्थ अस्त्र उठाओ।।

कर दो नाश इन अन्यायी, पापियों का
कर्मभूमि में अपना धर्म निभाओ।
सृष्टि पुकार रही, ना तुम संकोच करो
मानो कहना .. उठो पार्थ अस्त्र उठाओ।।

बहुत हो चुका भावनाओ का खेल अब
लक्ष्य को साध तुम तीर चलाओ।
आत्मचेतना को एकाग्र कर, यूं न घबराओ
धर्म हमारा सत्य सनातन, यह दिखलाओ।।

धर्म की जीत हुई हमेशा, जानता जग सारा
क्षमा, प्रेम, करुणा की तुम ज्योत जलाओ।
खड़ी इंतजार कर रही विधि पक्ष में तेरे
मानो कहना .. उठो पार्थ अस्त्र उठाओ।।

अपनाने शहर की आबो हवा, मजबूर हो गए

ब्याह, शादी ख्यालों की, जब भी बातचीत होती
दिलो दिमाग में जोश की किरण दौड़ जाती।
बिछी हुई चारपाइयां, एक कतार में कुर्सियां
बहुत कुछ है, याद दिला जाती।।

मिलती थी जिम्मेदारी किसी एक को
उस संस्कृति की झलक, अब कहां मिलती।
लो जी, ये जी, यहां जी की पुकार नहीं
ऐसी सत्कार की परंपरा, अब कहां मिलती।।

भरते है आजकल लोग ऊंची ऊंची उड़ान
वो आसमां पर हाथ है रखते।
खो गई सादगी, बारातियों की
घरों में ऐसे पलंग कहां है मिलते।।

सभी धर्मो की खाटे मिल कर
अतिथि सत्कार की करती थी बातें।
क्यूं उस आनंद से, आज हम दूर हो गए
अपनाने शहर की आबो हवा, मजबूर हो गए।।

अब गांव वीरान हो गए

शिक्षा, रोजगार पाने की खातिर
लोग परेशान हो गए।
अपनाने शहरों की आब ओ हवा
गांव छोड़ने को मजबूर हो गए।।

पुरखो के मकान, जमीन, जायदाद
जैसे इन सबसे अनजान हो गए।
देखा देखी के इस माहौल में
अब गांव वीरान हो गए।।

नदियां, झरने, खिलते खेत खलिहान
गांव की चौपाल, सब सुनसान हो गए।
ना रहा कोई मतलब, प्रेम किसी से
अच्छे अच्छे मकान भी, अब खंडहर हो गए।।

मन तो करता है कई बार
कि लौट जाए फिर से उन वादियों में।
जहां चूल्हे की रोटी, दूध, दही, हंसता आंगन
खो कर जवानी, रोगों के शिकार हो गए।।

सचमुच बदल गया गांव हमारा
भय सा छाने लगा।
लुका छिपी, गुल्ली डंडा, छोड़ मिट्टी की सुगन्ध
जैसे अपने ही घर में मेहमान हो गए।।

पुस्तक कभी मरती नही

दे अकल्पनीय ज्ञान
समृद्ध हमें बनाती।
जीवन मूल्यों की हकीकत
पुस्तक ही बताती।।

सुधार पढ़ने, लिखने, बोलने का कौशल
स्मृति और बुद्धि को बढ़ाती।
नई नई भाषा सीखा कर
पूर्ण ज्ञान हमे कराती।।

हर प्रकार के दृष्टिकोण में सुधार
आत्म सुधार में मदद कराती।
मर मिट जाती हैं शख्शियते सारी
पुस्तके कभी नहीं मरती।।

अज्ञानता से ज्ञानता
अंधकार से प्रकाश की ओर।
आदि से अन्त तक
हमे दुनियां की सैर कराती।।

झोली ले चला फकीर सबकी मांगे खैर

गांव से दूर एकांत
उस खंडहर की शान।
गरीब, दीन दुखियों की
बसती हैं उसमे जान।।

जब भी गाता, मन हर लेता
सबको अपने गले लगाता।
ना जाने दुनियांदारी, कितनी मधुर उसकी बोली
सबकी मन्नत पूरी करता, फैला अपनी झोली।।

उच्च नीच का भाव नहीं
मोह माया से दूर।
झोली, चिमटा, लिए मधुर मुस्कान
फकीर है वो मशहूर।।

ना भय, उपेक्षा, तिरस्कार का डर
जमीं बिछौना, आसमां ओढे।
ना किसी से दोस्ती, ना किसी से बैर
झोली ले चला फकीर, सबकी मांगे खैर।।

गांव की चौपाल

दम तोड़ती, मरघट सी शांत
हुक्को की गुडगुडाहट थी मिशाल।
बारात का आश्रय, पीपल की छांव
दिलचस्प होती थी गांव की चौपाल।।

गम हो लाखों मगर दिल में
भूली बिसरी यादें समेटती थी गांव की चौपाल।
शादी की बात या हो झगड़े की बात
बैर भाव मिटा, गले मिलाती थी गांव की चौपाल।।

शहर की आपा धापी और तनाव से दूर
सुकून भरा आराम देती थी वो चौपाल।
खींच लाता बचपन का प्यार
कैसे बयां करू, दादा दादी की फटकार।।

सभ्यता व संस्कारों में बिखर कर
कहां खो गई रौनक चौपाल की।
बदलते वक्त का यूं हुआ असर
अनजानी सी नजर आती गांव की चौपाल।।

ख्वाहिशें... दुनियां ने मुझे ही बदल डाला

उन्नति की प्रबल इच्छा ने
महत्वाकांक्षी बना डाला।
ढोंग किया अपनो से
गैरो से हाथ मिला डाला।।

छोड़ समर्पण, लडने का भाव जगा
आशा के चक्कर में, दृष्टिकोण बदल डाला।
साहस था कुछ करने का
लक्ष्यों ने महत्वाकांक्षी बना डाला।।

हुआ आत्मा में उद्गम इसका
मन को विचलित कर डाला।
बड़े बनने इच्छा ने
उच्चाभिलाषी बना डाला।।

टूट कर गिरा डाली से इस कदर
सपनो को भी खुदगर्ज बना डाला।
सोचता हूं, बदलू दुनियां के रीति रिवाज
ख्वाहिशें...दुनियां ने मुझे ही बदल डाला।।

मंजिल

मैने भी एक सपना देखा
मंजिल पाने को
आई कई रूकावटे सामने
मुझे डराने को
कई बार पटका, झकझोरा
रास्ता भटकाने को
बन गया अंधा, बहरा
लक्ष्य पाने को
कभी जाति, धर्म का वास्ता देकर
कहने लगी लौट जाने को
मैं भी जिद्द का पक्का था
मंजिल पाने को
भरी हुंकार, लगाई दहाड़
जमाने को
मुश्किलों को लांघता रहा
शिखर पाने को
मंजिल तो मिल ही गई
इस शहजादे को
कायर थे जो निकले नहीं घरों से
आगे बढ़ने को
रास्ते कब खत्म होते है मंजिल के
जिंदगी सफल बनाने को
बुझदिल है वो मेरे हमसफर जो
कोसते किस्मत को

उस रात में
(किस्सा भूत का)

कई वर्षो पहले की बात
याद है आज भी वो रात।
गया था मैं राजस्थान भ्रमण पर
अपने मित्र के साथ।।

दक्षिण राजस्थान के गांव में
चर्चा जोरों पर थी।
हर रोज रात को आता भूत
जो भी मिलता, बैठ उपर उसका गला दबाता।।

बदकिस्मती थी मेरी अंधेरा
उसी गांव में होना था।
एक तो थे थके हारे, उपर से
डर भूत के थर थर कांप रहा था।।

रात हो गई देखते देखते, सन्नाटा छा गया
साय साय आवाज आ रही थी उस रात में।
इतने में पास सोया व्यक्ति जोर से चिल्लाया
बचाओ बचाओ, भूत आया, उस रात में।।

पूरी रात चक्कर लगाते रहे भूत के पीछे
थक कर चकनाचूर हो गए उस रात में।
बुखार से तन तपने लगा, हाल बेहाल था
आज तक समझ नहीं पाया वो क्या था।।

जब भी याद करता उस रात में जो घटा
रोम रोम गवाही दे रहा भूत की व्यथा।
कई वर्षो विज्ञान पढ़ा और पढ़ाया
भूत का किस्सा नहीं आया, किसी पाठ में।।

चुपके चुपके रोटी है आंखे

प्रेम, घृणा सब बयान करती
दिल को रास्ता दिखाती है आंखें।
बड़ी दिलकश होती महबूब की आंखे
कई गहरे राज छुपा जाती है आंखे।।

दिल को कैसे भी संभाल लेंगे
आंखो के आंसू नहीं छुपा पाएंगे।
बसा के दिल में इस कदर उनको
आज भी आह भर रोती है आंखे।।

जख्म जब दिल में भर जाते
आंखो के आंसू मोती बन बिखर जाते।
मत पूछो यारों, तमन्ना थी दिल में
उसके लिए आज भी आंख है रोती।।

प्रेम जगा कर सबके दिलो में
अपना बना लेती है आंखे।
हो आघात कोई दिल पर
नई आशा की किरण जगाती आंखे।।

कैसा मेल है दिल का आंखो से
पहरा देता दिल, आंखे है सोती।
चोट खाकर भर जाता दिल
तो चुपके चुपके आंखे है रोती।।

जब भी दिल दुखता है तो
कुछ बताने का इशारा करती आंखे।
सह लेती जीवन के सारे सुख दुख
सुन दिल की चीत्कार, रो लेती हैं आंखे।।

दहेज का बोझ

मत जलाओ लड़कियों को
खुद कमा कर इनको खिलाओ।
बड़े फुरसत से बनाया है खुदा ने
इंसानियत का फर्ज तुम निभाओ।।

कब तक चलेगी रस्म दहेज की
पिता दहेज का बोझ, क्या उठा पाएगा।
खिली थी तितली पिता की बगिया में
क्या उसको वो जलता देख पाएगा।।

मर जायेगा जिंदे जी
अगले जन्म तक न भूल पाएगा।
कितनी अभागी है प्रथा दहेज की
मानव ही मानव से नीच कहलाएगा।।

जब भी निकलती चीख, बेटी की ससुराल से
लूट जाती बरसो की कमाई, इज्जत पिता की।
कैसे माफ कर देता है समाज, इन हत्यारो को
क्या आप भी देख पाओगे, जब नंबर तुम्हारा आएगा।।

उखाड़ फेंको ऐसी प्रथा को
नारी को नव जीवन दान करो।
हंसते हंसते करो बेटी को विदा
घर में बहू का सम्मान करो।।

आज सुनो अमर प्रेम कहानी

आज भी करते है लोग सच्चा प्यार
दुनियां में है कई प्रेम कहानी।
आज सुनो आप संक्षेप में
इतिहास की आठ अमर प्रेम कहानी।।

हैदराबाद के भावनगर में उठे थे कई सवाल
हुआ था मोहम्मद कुली और भागमती में प्यार।
रानी रूपवती की खूबसूरती ने मोहित किया
सब जानते बाज बहादुर की प्रेम कहानी।।

एक अफ्रीकी गुलाम दिल दे बैठा था
वो थी रजिया सुल्तान याकुत की कहानी।
कोई युद्ध नहीं हारा योद्धा बाजीराव
उसकी अमर प्रेम की रानी थी मस्तानी।।

कौन नहीं जानता सुनहरे अक्षरों में लिखी
संयुक्ता और पृथ्वी राज की अमर प्रेम कहानी।
आगरा में बना ताजमहल शाहजहां, मुमताज का
आज भी है बेपनाह मोहब्बत की निशानी।।

राजस्थान के महेंद्र और मूमल की जवानी से
लैला और मजनू की बनी अमर प्रेम कहानी।
अमर है आज भी इतिहास के पन्नो में
अशोक और कोरवकी की अमर प्रेम कहानी।।

जल होगा तो कल होगा

एक एक बूंद है अनमोल
जन जन को समझना होगा।
जरूरी है जल का संरक्षण
जल होगा तो कल होगा।।

खूब लगाओ पेड़ पौधे
भू जल दोहन को रोकना होगा।
सुखी जीवन की खातिर
जल संरक्षण करना होगा।।

जोहड़, तालाब, नदियों की करो खुदाई
सागर को सहेजना होगा।
भावी पीढ़ियों को संकट से बचाने
जल संरक्षण करना होगा।।

कूड़ा करकट, रसायनिक पदार्थो से
जल को बचाना होगा।
प्रदूषित जल से होते है कई रोग
स्वस्थ भारत बनाना होगा।।

जल है तो कल है
वर्ना आने वाला पल, मुश्किल होगा।
एक विनम्र अपील, पानी को ना व्यर्थ करो
इससे ही सबका जीवन सुरक्षित होगा।।

बेमौसम बरसात

फटी धोती, फटा कुर्ता, नंगे पांव
बेहाल, बैचेन प्राणी संसार का।
रह रह कर देख रहा
कमाल बेमौसम बरसात का।।

आई अंधड़, ले के ओले
बरसने लगा पानी बेमौसम बरसात का।
हाथ जोड़ विनती करे इंद्र से
बेटा, बेटी किसान का।।

रो रो कर गिरने लगे पौधे
सरसो, गेहूं और ज्वार का।
दौड़ दौड़ सीने से लगाए
हृदय फटने लगा किसान का।।

आंचल में छुपाए बच्चों को
आंसू पोंछे अपने आप का।
ढाल बनी खड़ी, खेत में
कांप उठा दिल देख हाल बेमौसम बरसात का।।

टप टप टपकने लगा
पानी बेमौसम बरसात का।
मजदूर, व्यापारी, कर्मचारी
कवि भी बैचेन देख हाल बेमौसम बरसात का।।

अभी तक मिला ना मुझे हमसफर

बेगाना लगता है ये शहर।
भटक रहा हर जगह दर ब दर।।

मोहब्बत की कहानी किसे सुनाऊं।
अभी तक मिला ना मुझे हमसफर।।

खिलौने की थी जरूरत, दिल दे बैठे हम।
समझ ना पाई वो इश्क की कदर।।

झूमेगा खुशियों से सारा गगन।
दस्त ए तसव्वुर, इबादत तो कर।।

कसम है मेरी, इसे जरूर निभाना।
इल्तिज़ा खुदा से, तू प्यार तो कर।।

यूं टूट कर बिखरूंगा नहीं कांच की तरह।
अजब इतिहास प्यार का पढ़ने की कोशिश तो कर।।

कलरव

किसी ने शोर, कोलाहल कहा
कलरव के आनंद को न पहचाना।
उत्साहभारी मधुर ध्वनि
पक्षियों का है चहचहाना।।

रॉबिन की चकली, तोते की बात
जीवन का है इतेफाक।
कबूतर की कू, मोर की चीख
इनसे ले पाते कुछ सीख।।

गुनगुनाते है सुख दु:ख में
मानव को देते जीने का संकेत।
करे बगुला दंभ, अहंकार
निंदा से बचने का संदेश।।

चक्रवाक विरह का अभिशाप
सारस स्तर्कता का प्रतिक।
चकोर करे उदात प्रणय
चातक स्वाभिमानी, गौरव का प्रतिक।।

कोयल मीठे मीठे गीत सुनाए
चिड़िया उलाहना दे हजार।
सुने..प्रात काल कलरव पक्षियों की
जीवन में हो आनंद बहार।।

मेरी बीवी मायके चली गई

गर्मी की छुट्टियों का बेसब्री से था इंतजार
आखिर आ ही गई।
करता हूं मौज मस्ती दोस्तो के साथ
क्योंकि मेरी बीवी मायके चली गई।।

भर गया दिल मौज मस्ती से
आज बीवी की याद आ ही गई।
ढूंढती है मेरी नजरे इधर उधर
तुझ बिन घर की रौनक चली गई।।

सुख हो चाहे दुख, सबको हंसाती थी
तेरे जाने के बाद घर में मायूसी छा गई।
ना रही गुलाब की खुशबू घर में
क्योंकि मेरी बीवी मायके चली गई।।

खाना बना के, कर रहा था झाड़ू पोछा
पारो काकी भी ताने मार के चली गई।
शक्ल हो गई मुरझाए पत्ते सी
कपड़े धोते धोते आंखे भी पत्थरा गई।।

उत्पात मचाते है बच्चे दिन भर
दिन का चैन, रात की नींद गई।
गया था गाय को रोटी देने
वो भी आंखे दिखा के चली गई।।

जश्न मनाते कुछ लोग, बीवी जाने के बाद
कैसे उनकी मति मारी गई।
कितना मुश्किल होता, बीवी के बिना जीना
आज मेरी अक्कल ठिकाने आ गई।।

कितना बदल गया इंसान

मोह माया के आवरण में फंस
भूल गया आत्मज्ञान।
परमपिता ने दिया सब कुछ इस जहां में
फिर भी कितना बदल गया इंसान।।

परमपिता से नाता जोड़ दिल से
कौन किसका यहां हो पाया।
इन सब पापो से मुक्ति मिल जाएगी
तूने परम तत्व जो है पाया।।

सुख दुख झूठे, झूठी मोह माया
हो सके तो भला कर, मत दुखा काया।
खाली हाथ आए थे, खाली है जाना
कौन यहां अपने साथ कुछ लाया।।

तेरी अदाओं पर एक सेर लिखूं
काफी समय बाद ज्ञान पाया।
कोशिश बहुत की मैने समझाने की
फिर भी क्यूं बदल गया इंसान।।

गया था मैं आज शमशान
राख को नीचे तक टटोला।
ना वो गरुर, रुतबा, ना वो पद
था अदृश्य यादों पर, मिट्टी का बिछौना।।

जल संरक्षण

एक दिन स्वप्न में
जल मुझसे कहने लगा
स्वच्छ, निर्मल, कोमल हूं मैं
सबकी प्यास बुझाता हूं
तरह तरह का कचरा डाल
इंसान मुझे दूषित करने लगा
मैं भी सम्मान चाहता हूं
कर के गंदा, ना मेरा अपमान करो
कल कल बह कर, राग सुनाता
फिर भी बोतल, तो कभी थैली में बिक जाता हूं
शिक्षक, कवि, समाज सेवी, नेताओं से कहना चाहता
तुम बचाने का जारी फरमान करो
दो तिहाई राज है मेरा
नही रावण बनना चाहता
हूं मैं अनमोल, तुम मेरी पहचान करो।।

मातृत्व की महिमा

मां के आंचल में सिमटा सारा संसार
ममता और प्रेम से धन्य हुआ जीवन।
गुदगुदा गया कोमल शरीर आज मेरा
तुतलाते होठों से जब उसे मां कहकर बुलाया।।

तुम्हारे दृग जल में तीर्थ सा पाया
अधरो के अमृत से हुआ प्रफुल्लित जीवन सारा।
सजल आंचल ने धूप से बचाया
तुतलाते होठों से, जब उसे मां कहकर बुलाया।।

माथे पर काजल टीका लगा, नजर से बचाया,
बुरी आत्मा छू ना सके, ताबीज मुझे बंधाया।
भर लेती अपनी बांहों मे कस कर
तुतलाले होठों से, जब उसे मां कहकर बुलाया।।

बात कहने के लिए, शब्दो की जरूरत नहीं
छोटी सी किलकारी काफी, दौड़ कर बुलाने को।।
चूम चूम माथे को, दर्द है सारा मिटाया
तुतलाते होठों से जब उसे, मां कहकर बुलाया।।

अगर धरा पर वीरता की कोई मूरत है,
सच में मां, मेरी जरूरत है।
संभव नहीं उपमाओं, शब्दों में बांधना
इसलिए वो मेरी मां कहलाती है।।

प्राप्त कर स्नेह, ममत्व, संस्कार नम्रता को
मां अनंत शक्तियों देकर मालामाल करती है।
हो जाए मुक्त तू, दुनियां के ऋणों से
मातृ ऋण से मुक्त नहीं होता है।।

तेरे इश्क में पड़ मैं अब लूट गया

आया था चोरी चुपके तुमसे मिलने
तेरी मां ने डंडा मार मुझे भगाया।
क्या करता मै, किस्मत का मारा
तेरा समझ उसका लहंगा उठा लाया।।

चलो सोचा भागते चोर की लंगोटी अच्छी
पर बरैन ने पीछे से कुत्ता दौड़ाया।
भागते भागते गिर पड़ा नाली में
डॉक्टर से अभी प्लास्टर करा के आया।।

ना खाना खाया, ना चैन से सो पाया
पूछने लगे सब मौहले वाले..क्या हुआ भैया।
कैसे बताता अपनी प्यार की कहानी
आंखो से आंसू टप टप के बह आया।।

ना जाने कैसी दिलगी की उस बेवफा से
आखरी ख्वाहिश मे भी उसे मांग आया।
याद करता हूं तुझे और तेरी परछाई को
अश्क इश्क के रोक ना पाया।।

नैनो का कजरा, भीगी वो तेरी पलके
तेरा वो मुस्कराना बहुत रास आया।
तेरे इश्क में पड़ कर अब लूट गया
खाल बची है तन पर, बाकी सुख गया।।

मां तो मां है यारो

सुकून बन कर दिल में
क्या क्या ख्वाब जगाती।
हो जाऊं कभी ओझल आंखो से
आसमां सिर पर उठा लेती।।

थी तलाश उसे पाने की
जो मुझसे कभी खफा नहीं होती।
मांग लूं फिर से मन्नत
मिले वही आंचल, जिसमे मुझे छुपा लेती।।

न जाने कौनसी मर्ज की है, दवा वो
सारी तकलीफों को पी जाती।
सजने, संवरने की उसे फुरसत कहां
इक सुकून ए दिल दे जाती।।

अब तो छीन गया सुकून
छीन गया बचपन का अतुलित आनंद।
मां तो मां है यारो
अनजाने में ही क्यूं बड़ा हो गया।।

सूर्य की उपासना

ऊं घृणि सूर्याय नमः
कहते हुए अर्पित करे जलम।।

रोली, लाल फूल, 108 जापः
मुख पूर्व, वांछित प्राप्त हो फलम।।

उदय को सब करे प्रणाम :
डूबते को करे तो जीवन सफलम।।

सुख, समृद्धि, आरोग्यम
अच्छी हो सेहत, मन शांति और सुखम।।

नव ग्रहों में प्रथम ग्रह
रविवार दिन पुजा अर्चना श्रेष्ठतम।।

कष्ट में की सूर्य उपासना
ऊऋन हुए भगवान श्री राम।।

सफेद कमलधारी, अरुण सारथी
सात अश्व, त्रिगुण स्वरूपम।
उषाकाल में फैला कर उजियारा
मिथ्या स्वप्नों से जागता जग सारा।।

तुम हो त्रिकाल रचियता
महिमा है अपरम्पारम।।

नायाब

नव ग्रहों में बड़ी लाजवाब हो
टिकी है दुनियां
जिसका तुम धरातल हो
कहने को मंगल पर गए
लौट आए वैज्ञानिक
तुम जैसी हवा, पानी नहीं
खुदा की कसम बड़ी नायाब हो
तुमसे ही ए जन्नत पाई

सीना फाड़ कराती रसपान
हरिभरी तुम, जल का सैलाब
कितनो को जीवन दिया नायाब
नाकाम पिंडो की पड़ी बुरी नजर
करोड़ो की जान बचाई, सिर झुकाकर
फिर भी नापेद हो तुम
खुदा की कसम बड़ी नायाब हो
तुमसे ही ए जन्नत पाई

न करती उच्च नीच का भाव
सबका बोझ उठाती हो
जाति धर्म से उठकर
एक ही आंचल में छुपाती हो
हीरा, पन्ना, लहलाती फसलें देकर
सबको मनभावन लगती
खुदा की कसम बड़ी नायाब हो
तुमसे ही जन्नत पाई

प्रेम ही जीवन है

प्रेम में, न जाने ख्वाब कितने
जिंदगी में सजाए है..
तुम्हे अपनी दुनियां समझ बैठे
इंतजार में नजरे बिछाए है..

प्रेम ही जीवन है पगली
सब कुछ भूल बैठे
कमाल की है तेरी मोहब्बत
अभी तक होश, न आए है..

दिन भी निकल कर ढलता
रात भी होती हैं
तारे भी चमकते बिन तेरे
बरसात प्यार की में नहाए है..

तू रूठी सी क्यों लगती
कीमत बता मुस्कराने की
प्रेम ही जीवन है पगली
तुझे कितनी बार समझाए है..

इस दिल तू थी
तू ही रहेगी
ए इश्क, जख्म ओर ना चाहिए
क्यों.....प्रेम ही जीवन है।

झांसी की रानी लक्ष्मी बाई

एकता की शक्ति को
तोड़ ना पाए थे वो
उन दुष्टों की, करदी नाश कहानी
रानी थी मर्दानी
पहचान गए थे वो
शौर्य और वीरता
पराक्रम भरी उसकी थी कहानी
याद रखेंगे क्रांति सतावन को
अंग्रेज लुटेरे वो
जिनको धूल चटाई
गुलाम देश में
आजादी की रीत चलाई
शस्त्र, शास्त्र से सुसज्जित हो
गद्दारों की चिता जलाई
उखाड़ फेंका, हर दुश्मन को
नजर झांसी पर, जिसने उठाई
वो थी झांसी की लक्ष्मी बाई

आजादी

झूमे, नाचे, खुशी मनाए
देश पर कुर्बान हुए
शहीदों पर श्रद्धा सुमन चढ़ाए
आओ मिलकर तिरंगा लहराए
आजादी का है पर्व मनाए
पल है आजादी की खुशी का
त्याग, बलिदान, शौर्य की गाथा सुनाए
राष्ट्र धर्म सर्वोपरि अभिनंदन का
कुर्बानी के नगमे गाए
आओ मिलकर तिरंगा लहराए
आजादी का है पर्व मनाए
फैले, फूले उधोग यहां
कला संस्कृति को गुनगुनाए
हर दिन बीते खुशी का यहां
ज्ञान ओर विज्ञान का परचम फहराए
आओ मिलकर तिरंगा लहराए
आजादी का है पर्व मनाए
नमन करे वीर सपूतों को
अंग्रेजो को लोह के चने चबाए
आजाद है देश हमारा
ना रहे कोई मजबूर यहां
शिक्षा की अलख जगा कर
रक्षा व अर्थव्यवस्था को मजबूत बनाए
आओ मिलकर तिरंगा लहराए
आजादी का है पर्व मनाए

विश्वास

मुझमें ताकत है
ओर कमजोरी भी
जबरदस्ती नहीं
जन्म लेता अपने आप

आश जीवन संघर्ष की
बुझदिलो में प्रकाश
जमीन से आसमान तक
जुड़ जाता अपने आप

कायरो की हिम्मत
अजनबियो की राह
अति में विश्वासघात
छोड़ देता उनका साथ

सुर्खियों मे बात हमारी
मुझ पर टिकी है दुनियां सारी
अपने शक पर विश्वास
दूसरे पर पड़ू भारी

पल में धनवान बना दूं
धोखे से कंगाल
सच्चाई से रिश्ता है गहरा
नहीं, नरक बना दूं अपने आप

गणतंत्र का है पर्व मनाए

झूमे, नाचे, खुशी मनाए
देश पर कुर्बान हुए
शहीदों पर श्रद्धा सुमन चढ़ाए
आओ मिलकर तिरंगा लहराए
गणतंत्र का है पर्व मनाए

पल है आजादी की खुशी का
त्याग, बलिदान, शौर्य की गाथा सुनाए
राष्ट्र धर्म सर्वोपरि अभिनंदन का
कुर्बानी के नगमे गाए
आओ मिलकर तिरंगा लहराए
गणतंत्र का है पर्व मनाए

फैले, फूले उधोग यहां
कला संस्कृति को गुनगुनाए
हर दिन बीते खुशी का यहां
ज्ञान ओर विज्ञान का परचम फहराए
आओ मिलकर तिरंगा लहराए
गणतंत्र का है पर्व मनाए

नमन करे वीर सपूतों को
अंग्रेजो को लोह के चने चबाए
आजाद है देश हमारा
ना रहे कोई मजबूर यहां
शिक्षा की अलख जगा कर
रक्षा व अर्थव्यवस्था को मजबूत बनाए

आओ मिलकर तिरंगा लहराए
गणतंत्र का है पर्व मनाए

अनुभव निंदा का

भर गया समाज बुराई से
छोड़ दो अनुभव निंदा का
दिल में प्यार, होठों पे सच्चाई
गले मिल के चलो भाई

मिला सब कुछ यहां
किल्लत ना किसी की आई
अकर्मण्यता, ईर्ष्या, द्वेष त्याग
मेहनत की करो कमाई

शिक्षित करो बाल गोपाल को
आगे बढ़ने की है बारी आई
व्यर्थ समय न गंवाओ निंदा में
करो तुम भी नेक भलाई

अनुभव निंदा को हथियार बनाके
लड़ाओ ना भाई से भाई
अन्त समय पछताओगे
साथ न देने लोग लुगाई

वासुदेव कुटुमकुंब अपनाओ तुम
जीवन धन धान्य से भर जायेगा
विकसित होगा देश हमारा
कविराज देते आए हैं यही दुहाई

बेबस

आज बेबस हूं मैं
किससे करू पुकार
जो जैसा था, वैसा ही समझा
दीवानगी कहूं या प्यार

दावा, त्याग, कभी बंधन
तो किसी ने जताया अधिकार
सरल, कोमल, जीवन, मृत्यु
कह कर किया मुझ पर अत्याचार

मैं अदृश्य ख्वाब सा
करता दिलो में राज
फूलों की सुगंध तो कभी
बन जाता आंसुओ की बहार

जमीन, आसमान आत्मा परमात्मा
तक, एक सनसनी लहर सा
आशा और विश्वास की डोर बंधा
हूं निस्वार्थ जीने का आधार

पतझड़

न शाम सवेरा, न जीवन का समय ठहराता
नियमों से बंधा हर पल मद्धमं मद्धम।
आया पतझड़, झर झर पते गिरने लगे
यहां सब कुछ बदलता आहिस्ता आहिस्ता।।

उड़ते, फिरते अपना रूप है बदलते
पीले, लाल कत्थई ओर नारंगी रंग है पत्ते।
मंजिल तो सबकी एक ही, रास्ते है जुदा
गुजरा यूं पतझड़ से, लूट गया आहिस्ता आहिस्ता।।

उल्फत मारो से ना पूछो, आलम इंतजार का
दर्द दास्तां चमन की, रह रह गुजारी राते।
सुख गई थी डाले पेड़ो की
हरी नई कोंपले आने लगी, आहिस्ता आहिस्ता।।

शिशिर गई, आगमन हुआ बसंत का
फिर देख फलसफा जिंदगी का, रंग उसका निखरता।
पशु, पक्षी भी गीत है गुनगुनाने लगे
सब सुंदर शांत लगने लगा है आहिस्ता आहिस्ता।।

हे राम

मुझे तो हे प्रभु आपके
चरणों में जगह चाहिए।
नाम में पुकारा, जाप में पुकारा
जब भी पुकारा, हे राम पुकारा।।

दवा से नहीं, दुआ से काम बने
जीवन में आगे बढ़ता जाए।
यश मिला, अयोध्या में धाम मिला
प्रणाम करने तुझे, हे राम पुकारा।।

गरज उठा था गगन सारा
गोलियों से जब मुझे मारा।
बेसुद हो पड़ा इस धरा पर
निकलने लगे प्राण तब, हे राम पुकारा।।

काश मैं ऐसी शायरी बनाता
अज्ञानी, अभागा, महत्व तेरा समझ पाता।
जय सियाराम के जय जयकारों से
खिल जाता चमन दुबारा।।

ना पैसा लगता, ना खर्चा लगता
चलता रहूं अग्निपथ पर।
मैं भक्त तेरा, तू ही सबसे प्यारा
प्रणाम करने तुझे, हे राम पुकारा।।

शीतल मन्द बहती समीर

गया भादो,
सिमटने है लगी शिशिर।
पतझड़ को नव जीवन मिला
जब शीतल मन्द बहती समीर।।

धरा के मुरझाए चेहरे पर
मुस्कान का फूल खिला।
आई बसंत लेके सौंदर्य का उपहार
जब शीतल मन्द बहती समीर।।

कोयल भी सज धज कर के
करने लगी पुकार
उठो, जागो दुल्हन सी ऐ धरती।
कर रही पायल की झंकार
जब शीतल मन्द बहती समीर।।

रिमझीम रिमझीम बूंदे आई
ठमक ठमक नाचे मोर।
तितलीओ की भी आई मौज बहार
जब शीतल मन्द बहती समीर।।

मस्ती के रस में डूबा हर कोई
होठों पर सजा कर मुस्कान।
मीठी धूप भी जाए निखर
जब शीतल मन्द बहती समीर।।

अश्क इश्क के रोक ना पाई

मैने दिल से चाहा था तुम्हे
कभी तुम मेरे जज़्बात समझ नहीं पाए।
टूट चुका दिल सहते जख्मों को
अश्क इश्क के रोक ना पाई।।

डगर इश्क की आसान ना थी
क्यों कांटो में तुम घसीट लाए।
लगा दाग इसमें, बहुत संभाला आंचल को
मिली सजा किस जुर्म की, बता ना पाई।।

मेरे अश्कों से भीगी, कितनी बार तस्वीर तुम्हारी
उम्र हो आपकी चांद जितनी लंबी।
टूटे दिल ने भी मांगी दुआ तेरे लिए
अश्क इश्क के रोक ना पाई।।

न जाने कैसी दिल्लगी थी, उस बेवफा से
आखरी ख्वाहिश में भी, उसकी वफा मांगी।
याद करती हूं तुम्हे और तेरी तन्हाई को
अश्क इश्क के रोक ना पाई।।

फुरसत

सब कुछ मिला, नौकरी मिली, दौलत मिली
सिर्फ मौहल्लत ना मिली तुम्हे भूलने की।
मैं जोड़ता रहा टूटे दिलो को, मगर
तेरे ख्यालों से कभी फुरसत न मिली।।

तेरी यादों, जज्बातों का संसार लिए फिरता हूं।।
फुरसत मिले तो आना मेरी गली में।
ना मरता हूं, ना जिंदा हूं, फिर भी
दो सांसों के तार लिए फिरता हूं।।

मजबूरी में नहीं, दिल से याद करना
बड़ी मफरूफ है, जिंदगी हम शायरों की।
उलझा के शब्दो के जाल में दुनियां को
हंसा के उन्हें, खुद रो लिया करता हूं।।

हंसते हुए लिखता हूं फिर भी
अल्फाज से आवाज आती है रोने की।
कलम चलती हैं रातभर, फुरसत कहां सोने की
देख मेरी आंखों में, आंसुओ का
समंदर लिए फिरता हूं।।

शिव सती विवाह

शिव विवाह की बात सुन पहुंचे लोग गौरी के द्वार।
बम भोले, बम भोले, करने लगा पूरा परिवार।।

देख शिव के गले में सर्पों की माला।
लोग दौड़ने लगे कभी भीतर और बाहर।।

राजा दक्ष ने किया शिव का भारी अपमान।
सती माता कूदकर यज्ञ में किया काम तमाम।।

तारकासुर को खत्म करने जन्मी पुन :एक बार।
वरदान पूरा करने, शिवजी दुबारा पहुंचे गौरी के द्वार।।

शिव पशुपति कहलाते, किसको करते इन्कार।
गण, देवता, दानव बारातिओ की थी भरमार।।

कीड़े, मकोड़े, भूत पिशाच नाचे जानवर सारे।
बिगड़ा माहोल, सहमी पार्वती की मां, करे विचार।।

रीति के अनुसार देवीय जल से नहला कर।
पुष्पों से सजा कर शिवजी को किया तैयार।।

आई बारी वंशावली की, चुप हो गए पालनहार।
नारदजी ने बात संभाली, पार्वती हुई तब तैयार।।

विवाह हुआ संपन्न।
बस गया दोनो का घर संसार।।

परिवर्तन (काव्य में)

काव्य का इतिहास है बहुत पुराना
आठ सौ सालों से हर कोई दीवाना।
तेरहवीं सदी से चल कर यह
इक्कीसवीं में भी नही छोड़ा, लोगो को लुभाना।।

आदिकाल भरा युद्धों से, आश्रय हुआ राजाओं का
वीर रसों से किया श्रृंगार, राष्ट्रीय भावना का अभाव।
भक्तिकाल में उदय हुई भक्ति भावना
निर्गुण कबीर ने, निराकार ईश्वर की करी उपासना।।

ज्ञान ओर प्रेम को ईश्वर का मार्ग बताना
तीर्थ, व्रत, रोजा, नमाज का बंद हुआ फ़साना।
सगुण भक्ति में राम कृष्ण की हुई आराधना
मीरा बनी कृष्ण दीवानी, चढ़ी खूब तुलसी की रचना।।

रितिकाल में भी था, सुख समृद्धि पूर्ण जीवन
अलंकार, रसों, छंदों से होगए श्रृंगारो के आलंबन।
केशव, मति राम, जसंत ज्ञानी हुए पदमकरण
आधुनिक काल में भारतेंदु, दिवेदी का हुआ आगमन।।

छायावाद में सरस, कल्पना, सजीवो पर हुआ चिंतन
महादेवी ने जीवो पर, निराला ने आप बीती बताई।
प्रगतिवादियो ने प्रकृति को फूलो से सजाई
कार्लमार्क्स ने रोटी, कपड़ा, मजदूरों की समस्या गिनाई।।

दिल की किताब में लिखा नाम तुम्हारा

छोड़ दिया जोर जोर से धड़कना
समझदारी की बात करता है।
फिक्र होने लगी तेरी, जबसे लिखा
दिल की किताब में.. नाम तुम्हारा है।।

नयनों का कजरा, भीगी पलकें
बहुत रास आया, सिंदूर तेरा।
अब कीमत चुकाने लगा हूं, जबसे लिखा
दिल की किताब में..नाम तुम्हारा है।।

वो होटलों का खाना, खजाना
नदी के किनारे पहरो तक बैठना।
पानी भी छान छान पिता हूं, जबसे लिखा
दिल की किताब में...नाम तुम्हारा है।।

मेहनत की खाने लगा
एक आशियाना भी बना डाला है।
सुधर गया शायर तेरा, जबसे लिखा
दिल की किताब में...नाम तुम्हारा है।।

था अकेला दुनियां की भीड़ में अब
ईश्वर के बाद, नाम लेता हु तुम्हारा।
मिटे ना नाम, मेडिकल चेकअप करवाता हूं, जबसे लिखा
दिल की किताब में....नाम तुम्हारा है।।

सेल्फ लव (खुद से प्यार)

खुशबू कैसे ना आए
मेरे फूलों के बागानों से।
मैं बट चुकी हूं अंशों में
कैसे करू मैं खुद से प्यार।।

देखती हूं आयने में जब
रूबरू होने को मिला अनेक बार।
बेटा बेटियों, पोते पोतियों से भरा मेरा परिवार
छोड़ पति को, कैसे करू खुद से प्यार।।

भूल जाती हूं खाना कई बार
पेट यूं ही भर जाता देख के प्यार।
तरसती उन आंखों का, मै ही संसार
छोड़ सास ससुर, कैसे करू खुद से प्यार।।

जब भी आती बेटी ओर नाती
खुशी के मारे फुले न समाती।
कमी ना रहे कोई, करती पूरा प्रयास
छोड़ व्यापार, कैसे करू खुद से प्यार।।

प्रबुद्ध जनों, गुणी लोगो ने सभा बुलाई
सुनलो सारे लोग लुगाई।
गई सर्दी, चलने लगी बसंत की बयार
छोड़ सारे झंझट, करो खुद से प्यार।।

मधुमास

तुम चली आना, चित्र बनालू तेरा
इंद्रधनुषी रंग में, डूबा है मन मेरा।
पुष्पों से आच्छादित, तरुवर महकाया
चलने लगी शीतल समीर, देखो मधुमास है आया।।

चारो दिशा में प्रेम, बसंती का छाया
मयूर नाचे वन में, कोयल ने राग सुनाया।
ढूंढ रहा कविता में, कैसा जादू छाया
मदमस्त सुगंध लेके, देखो मधुमास है आया।।

कोमल नव जीवन कली का आया
मंजुल मंजरी, लदी अमराई का रूप सबको भाया।
देख सरसो के पीले फूल, भंवरा मस्ताया
वसुंधरा ओढ़ चुनरिया, देखो मधुमास है आया।।

नए रंग, नई उमंग का ख्याल आया
निर्झर नैनो में, जैसे सागर कोई उतार आया।
धडकने लगे युवा दिल, मस्ती का मौसम आया
छोड़ दे तन्हाई, देखो मधुमास है आया।।

गले लगाकर सारे गिले शिकवे भुला दो

मैं गुनगुनाऊ ऐसा तुम गीत बना दो
चाहत की दुनियां में सपना मेरा सजा दो।
रंगीन हो जिंदगी मेरी, ऐसा रंग लगा दो
गले लगा कर सारे गिले शिकवे भुला दो।।

दूरियां है कैसी, जमाने को बता दो
अपना कर तुम, मेरा हंसता संसार बसा दो।
जख्म भर जाए सारे, ऐसी दवा बना दो
गले लगा कर सारे गिले शिकवे भुला दो।।

छोड़ जिद्द को, ना अश्क इश्क के बहने दो
बरसो बाद मिले है, प्यार को बरसने दो।
मोहबब्त ही देखनी है, तो आजमा कर देखो
गले लगा कर सारे गिले शिकवे भुला दो।।

सीख गया मैं, अपनी इस ठोकरों से
गिरते को संभाललो, ना तुम मुझे झुकने दो।
भुला के तकरार सारी, एक बार मुस्करा दो
गले लगा कर सारे गिले शिकवे भुला दो।।

शूरवीर

आए थे सौदागर
बन के दिलवाले।
लूट पाट मचादी
आके ब्रिटिश वाले।।

अंग्रेजो की होने लगी किरकरी
एकता वो तोड़ ना पाए।
भगत सिंह, चंद्रशेखर बिस्मिला
शूरवीर थे रखवाले।।

चट्टानों सी हिम्मत रखते
मां भारती के रखवाले।
हंस हंस के हो गए न्योछावर
शूरवीर वो मतवाले।।

नमन करू वीर सपूतों को
दिया इंकलाब का नारा।
भूल न जाना, बलिदान उनका
ना हो देश का पुन: बटवारा।।

बच्चा बच्चा नाच उठा था
सुनके देश भक्ति गाना।
मौत ए जन्नत कर चले
शूरवीर आजादी के परवाने।।